MOTO
Livre de coloriage

AF427776

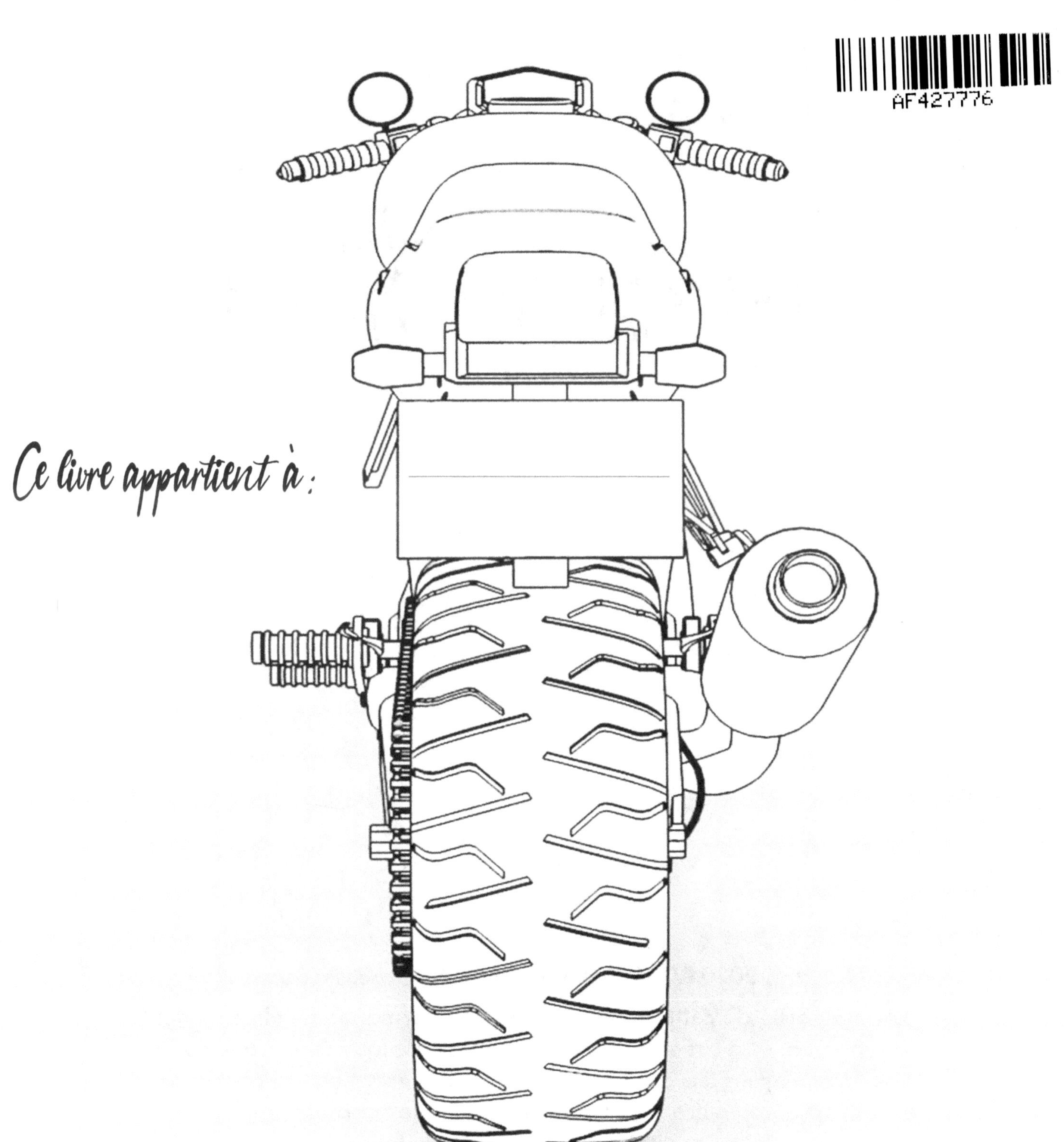

Ce livre appartient à:

Amuse toi !

ROBOOKS
PUBLISHING

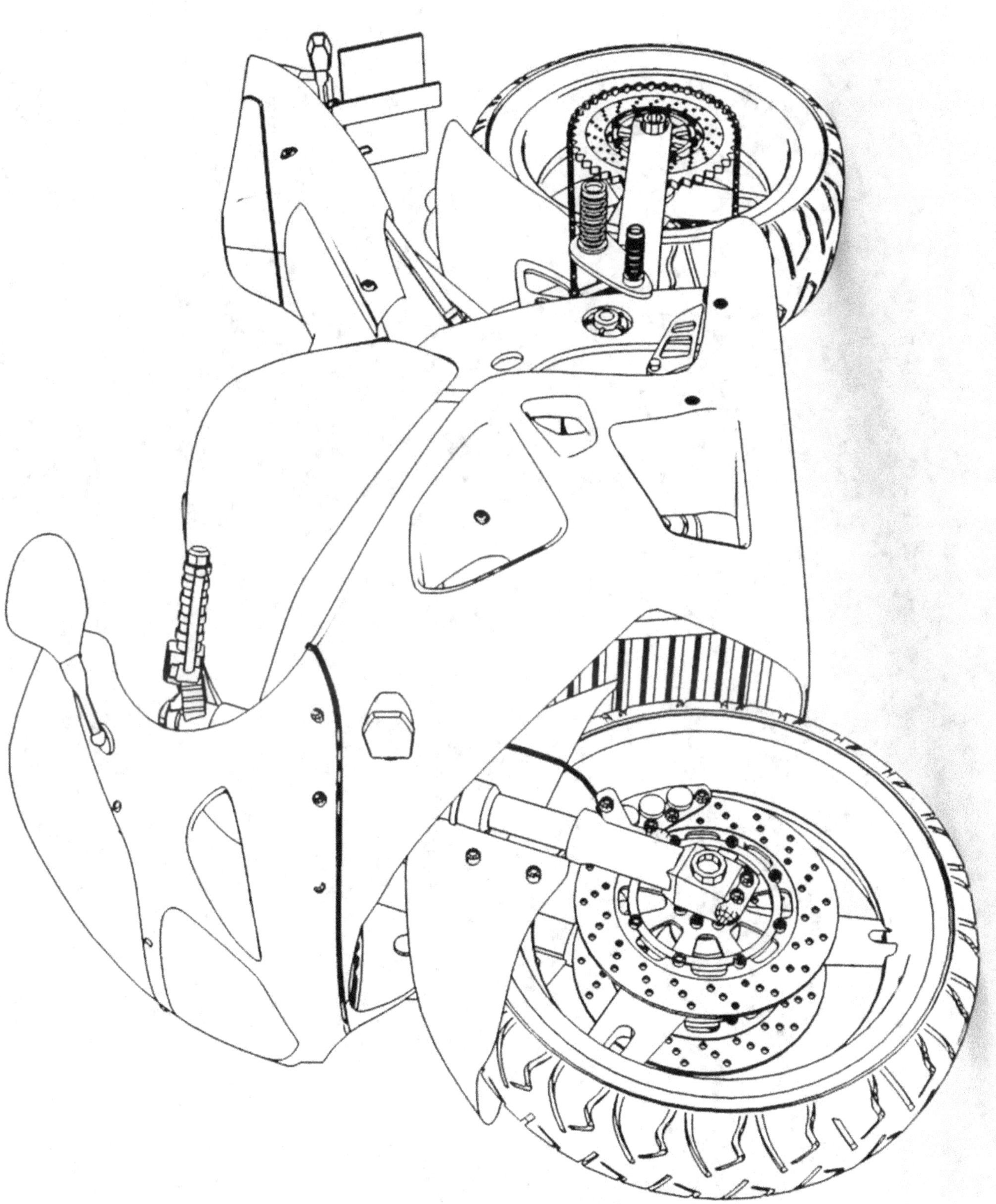

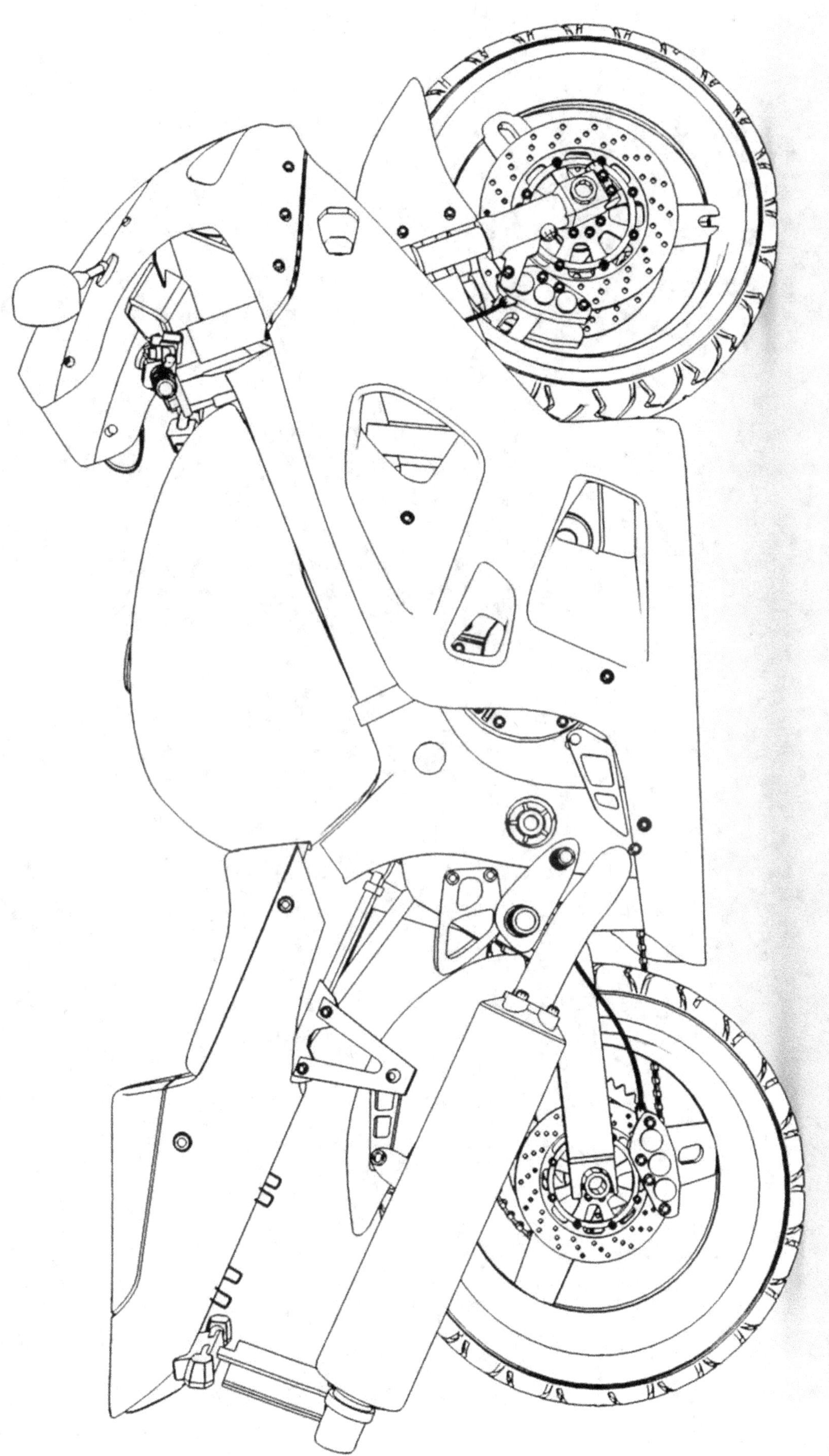

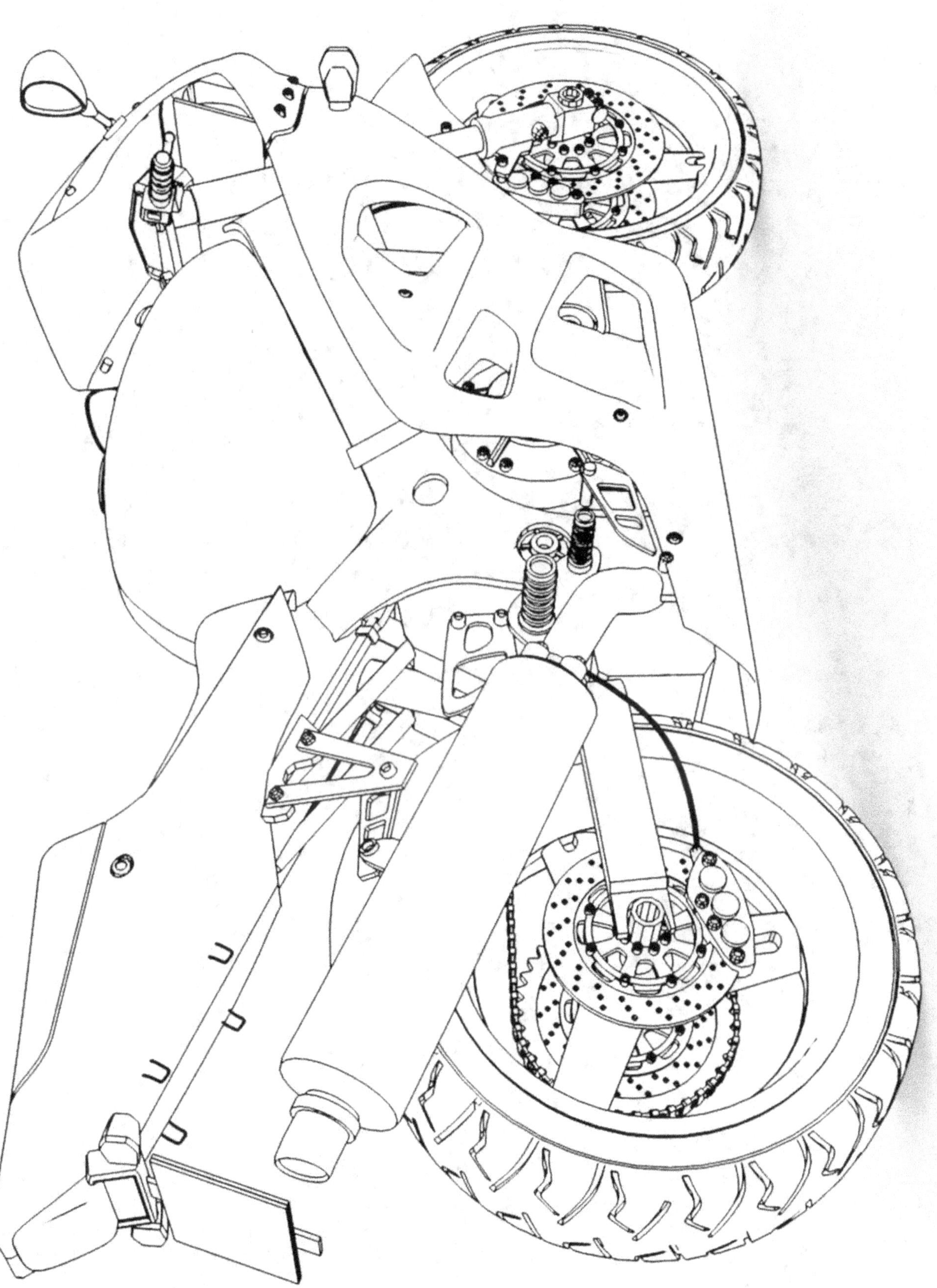

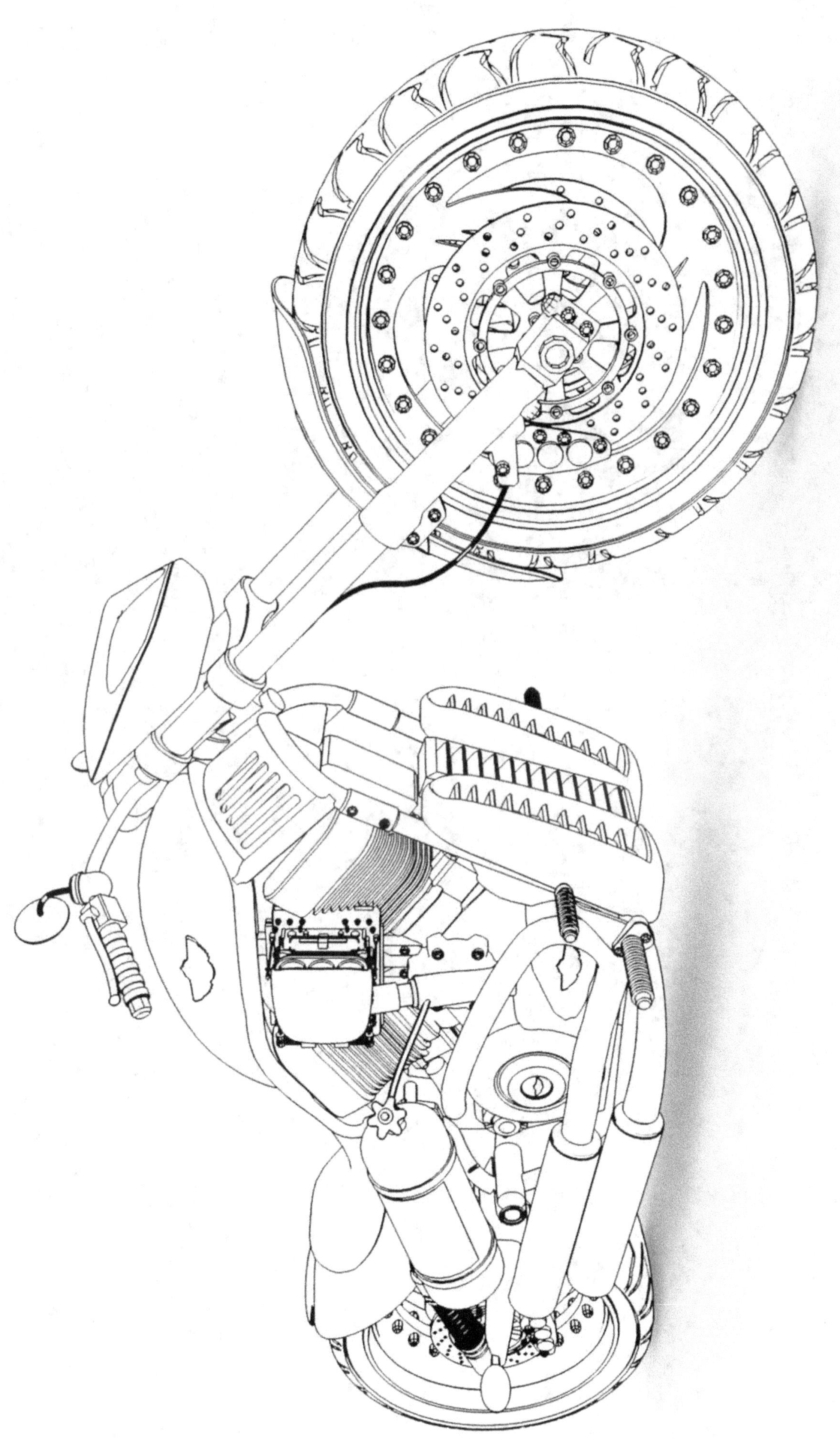

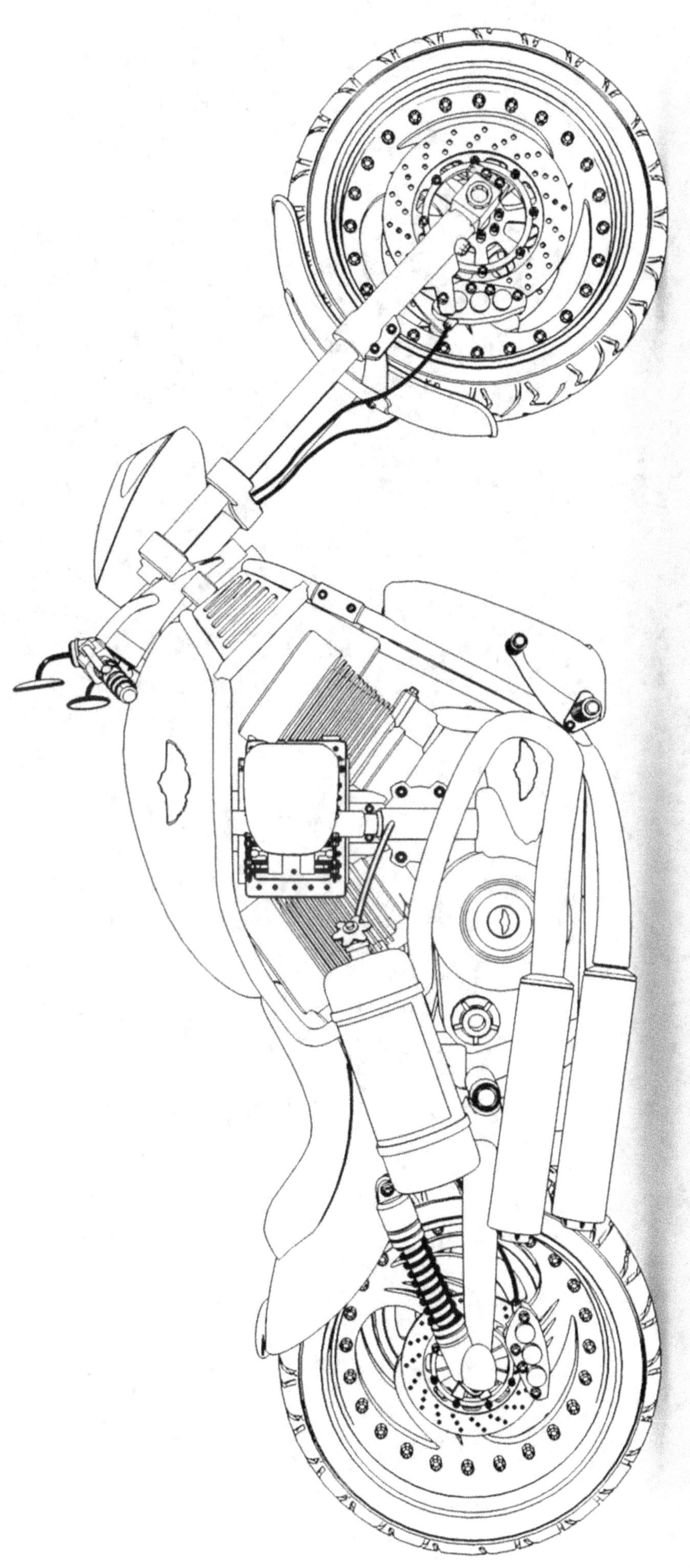

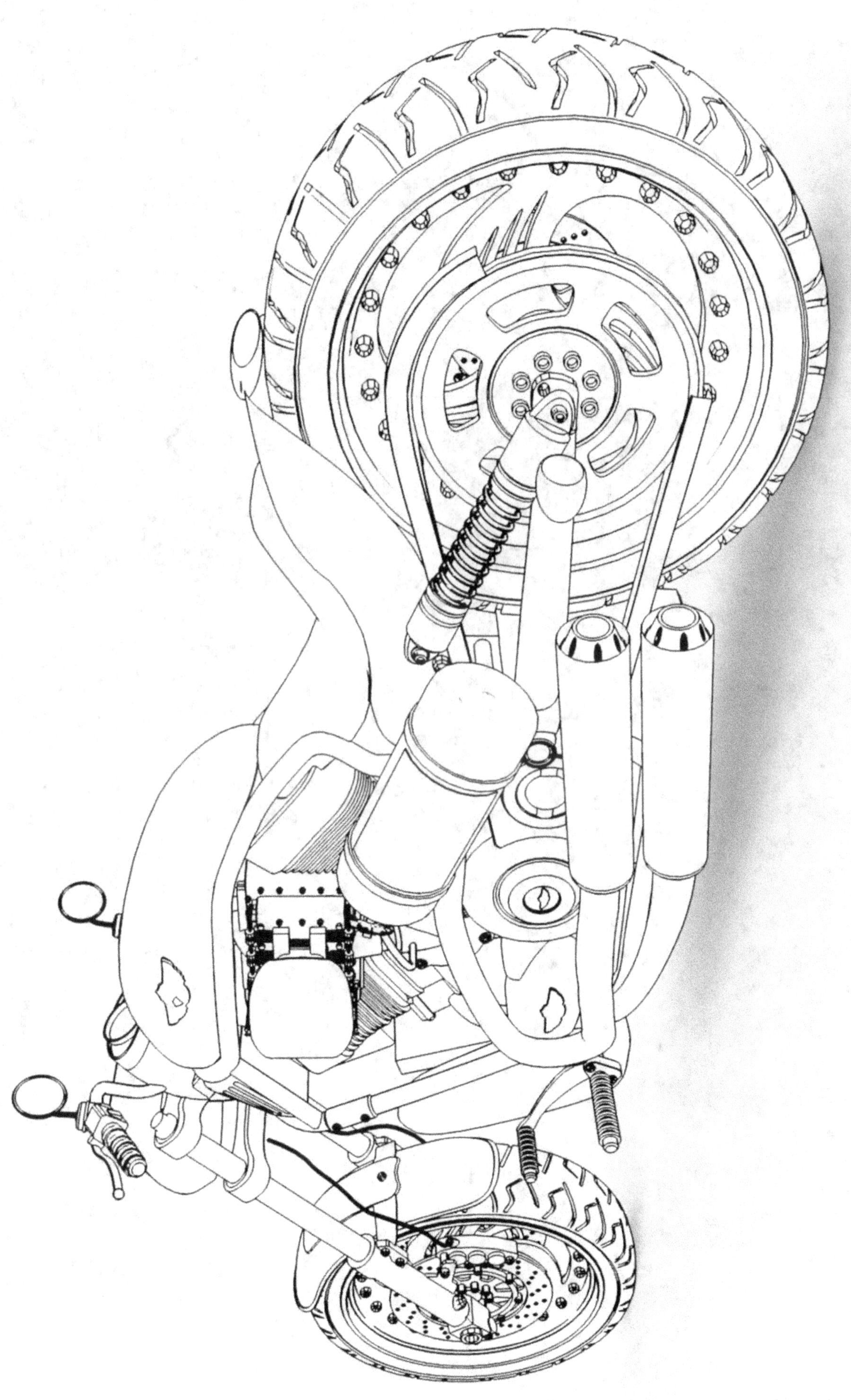

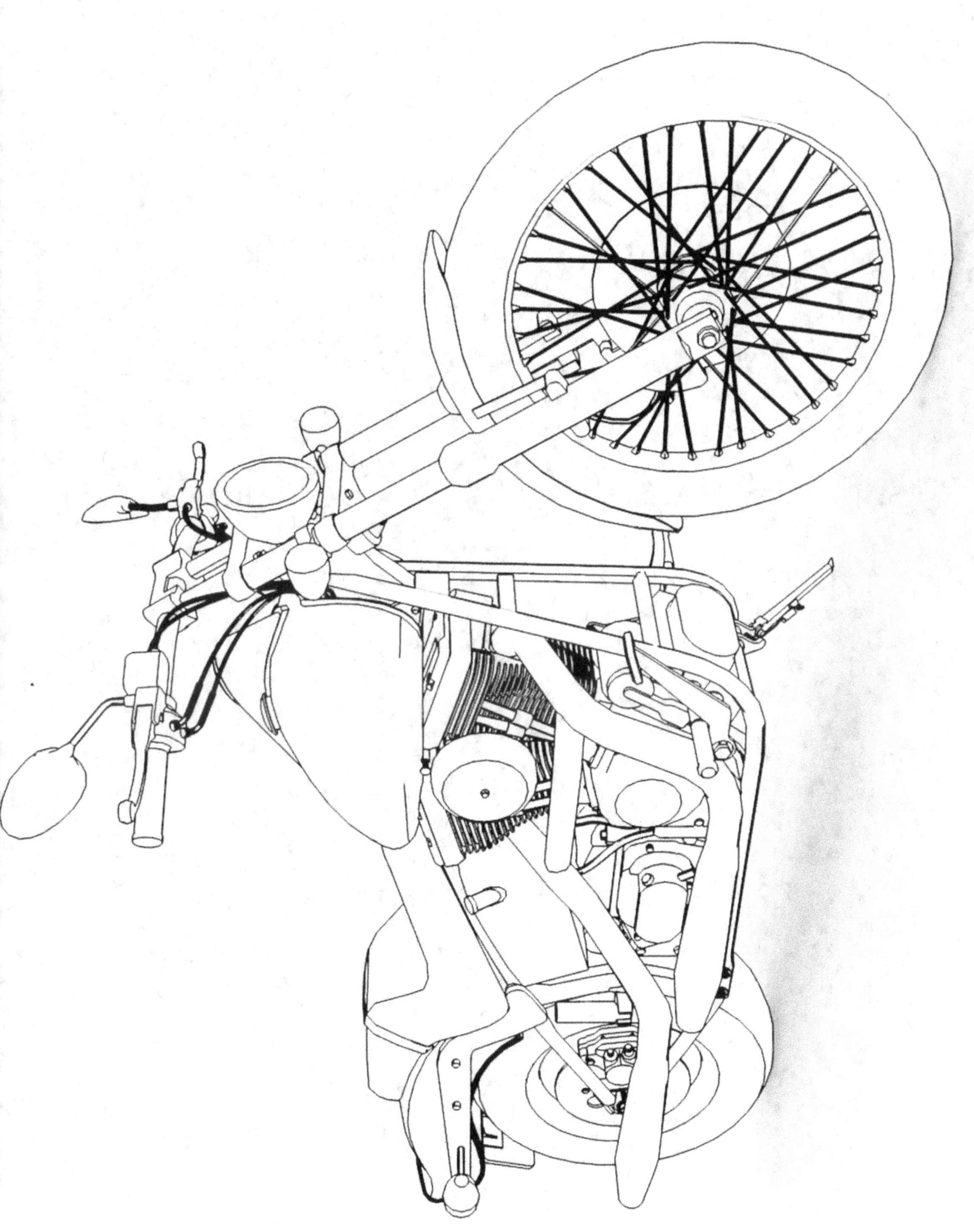

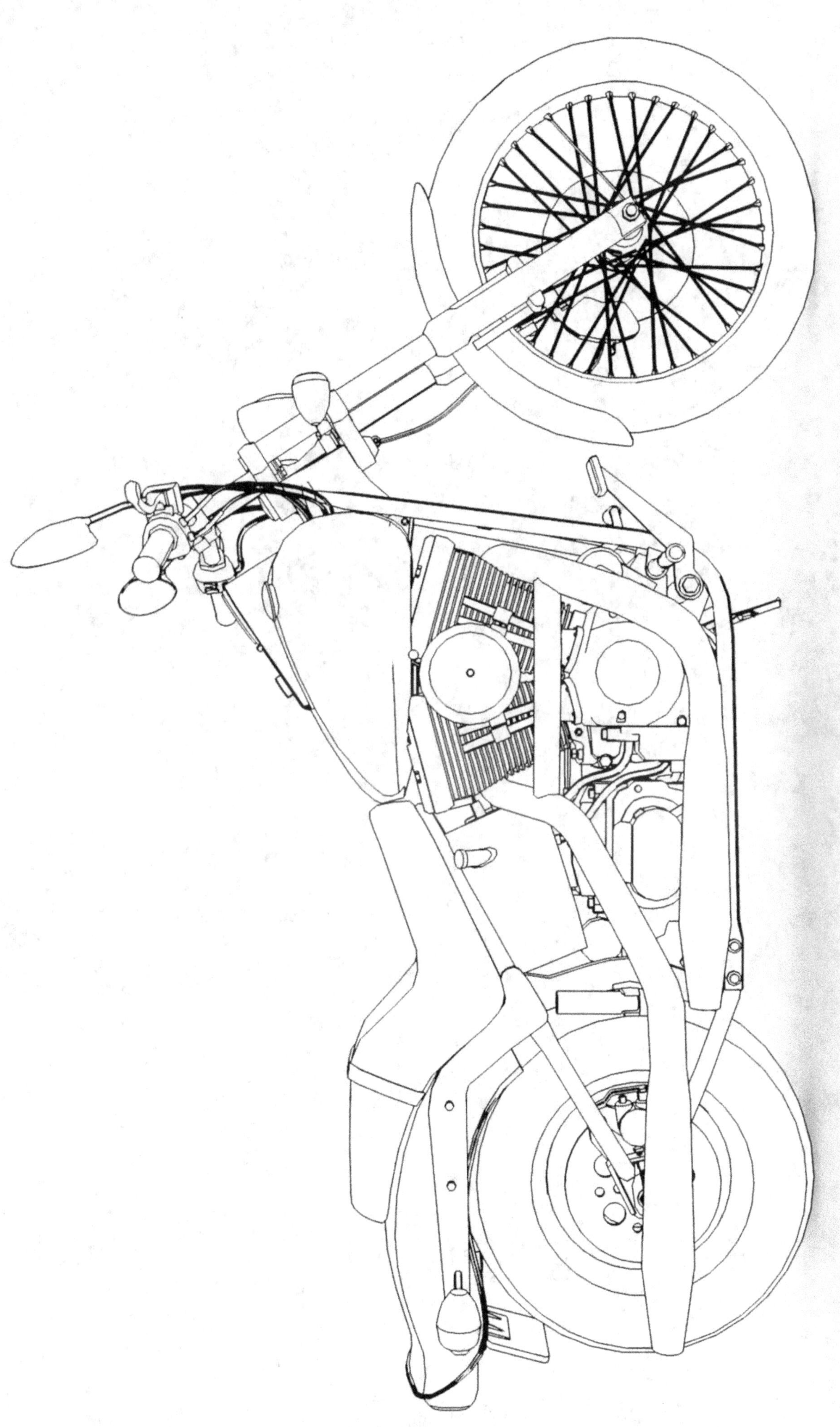

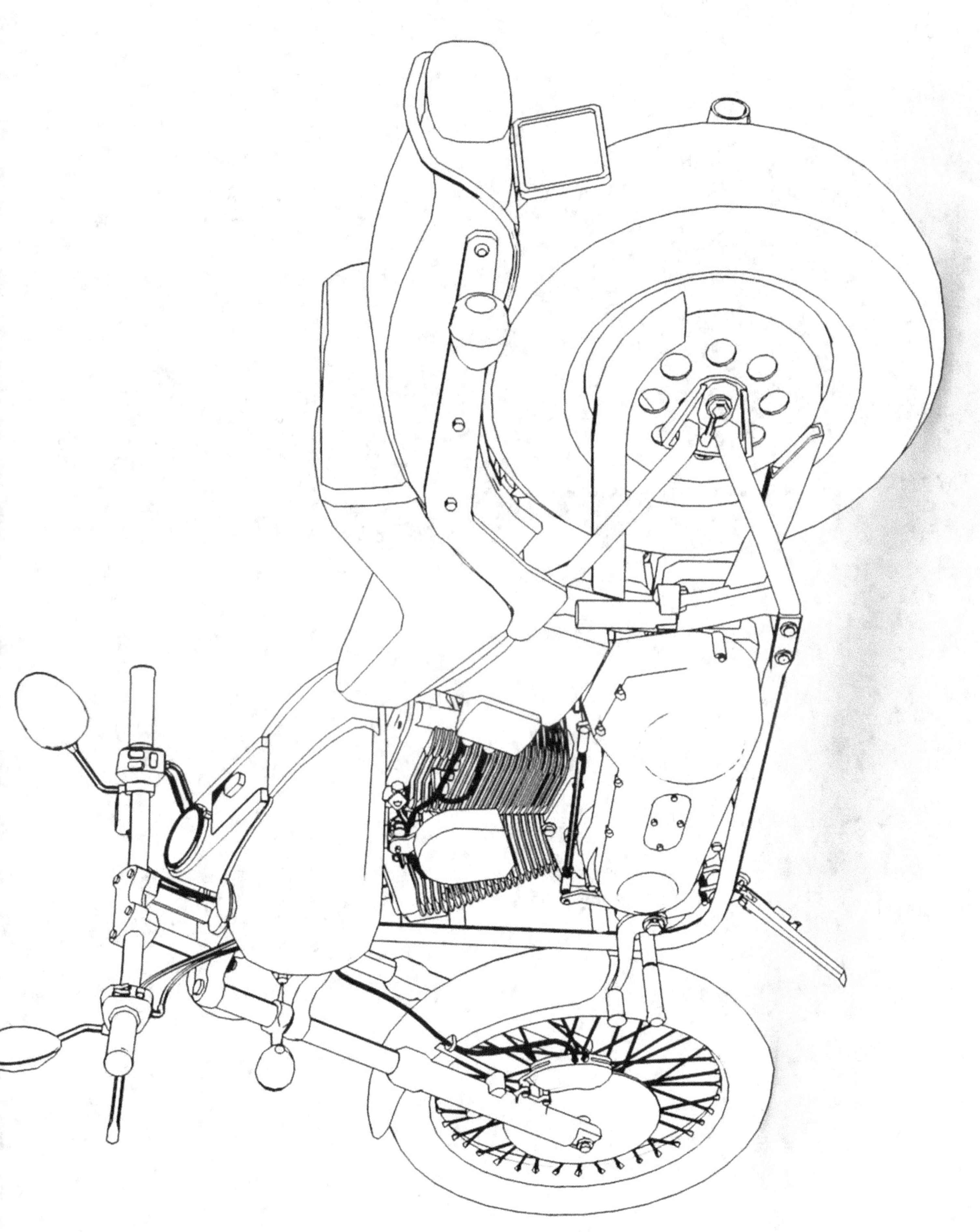

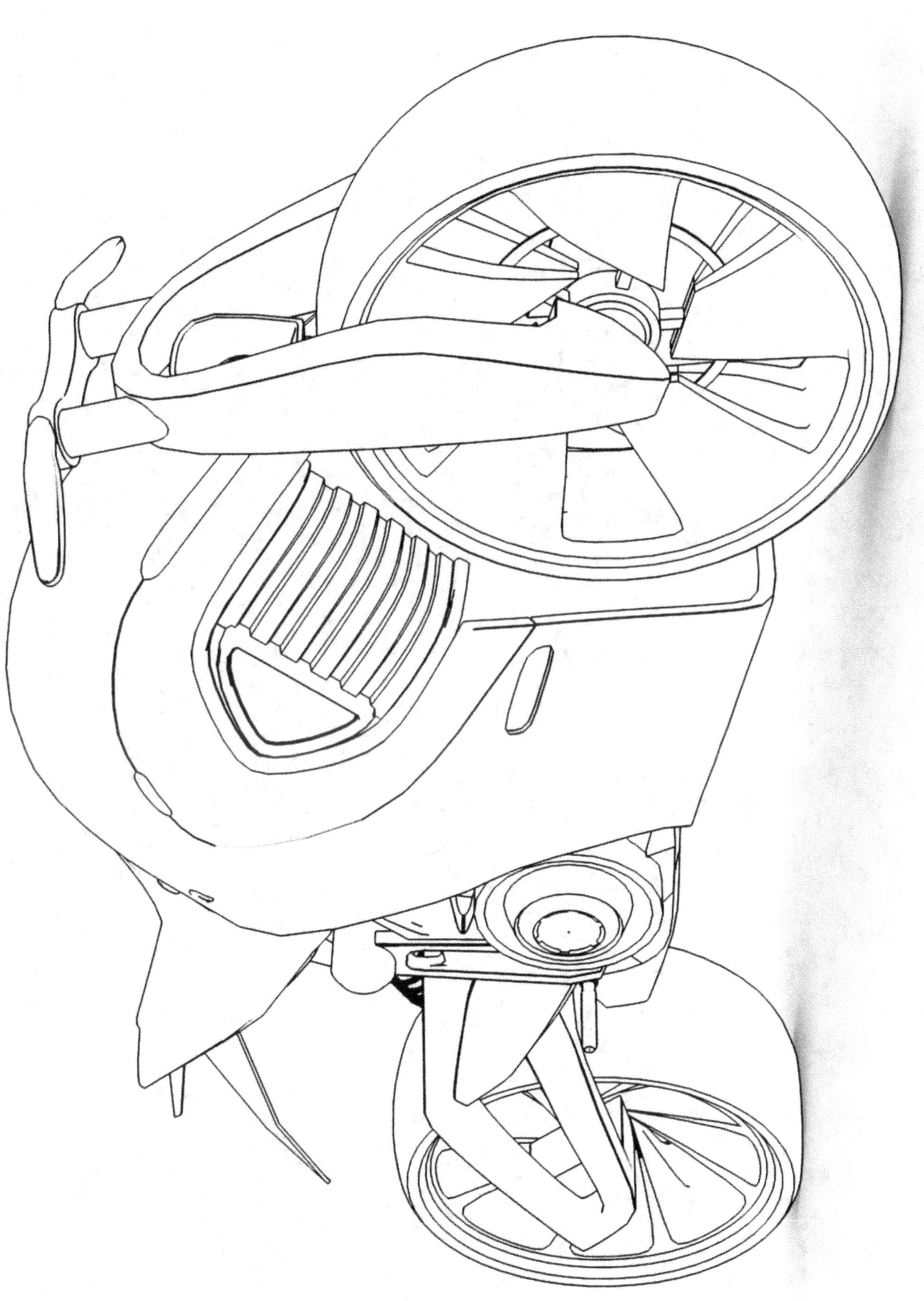

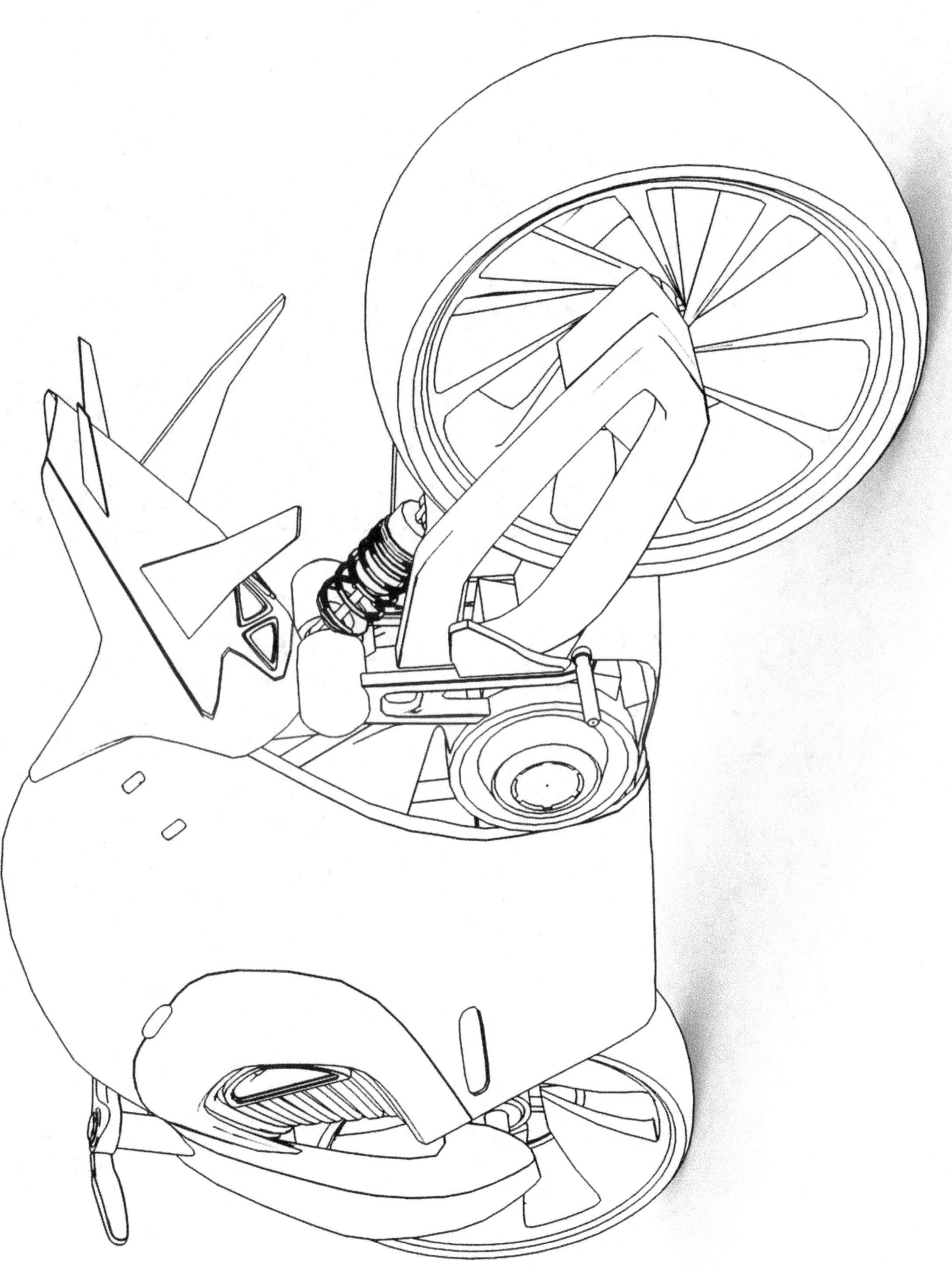

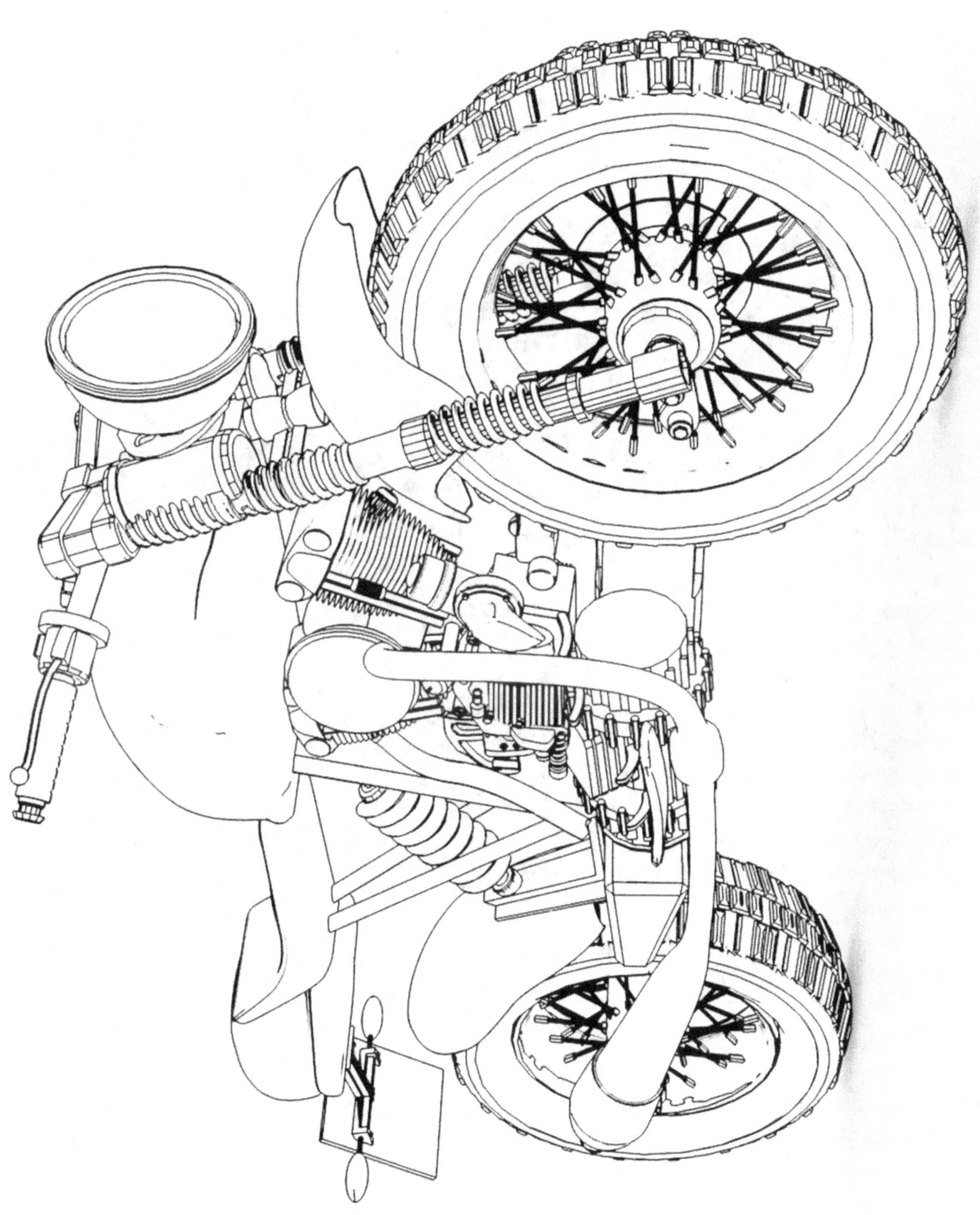

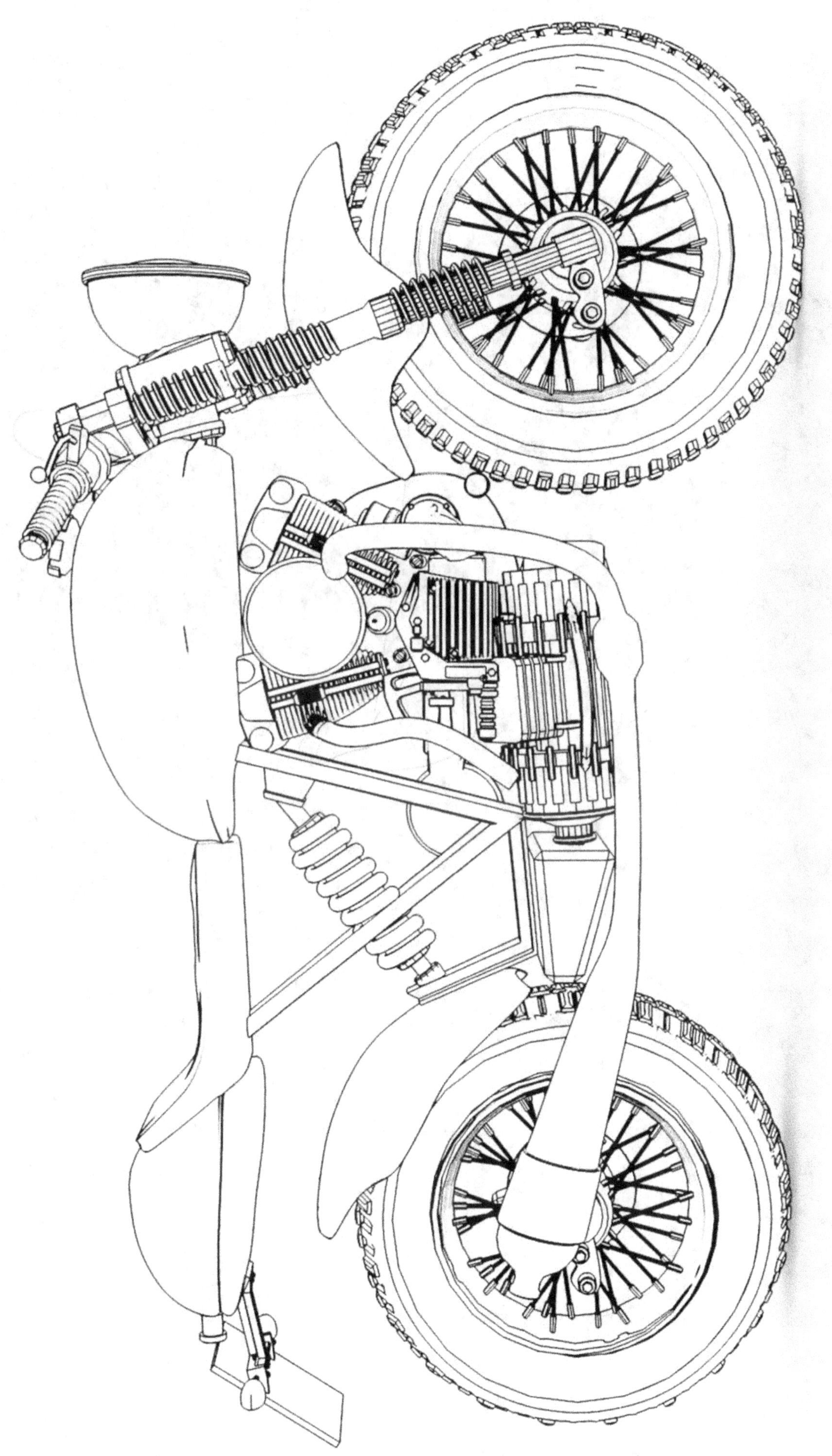

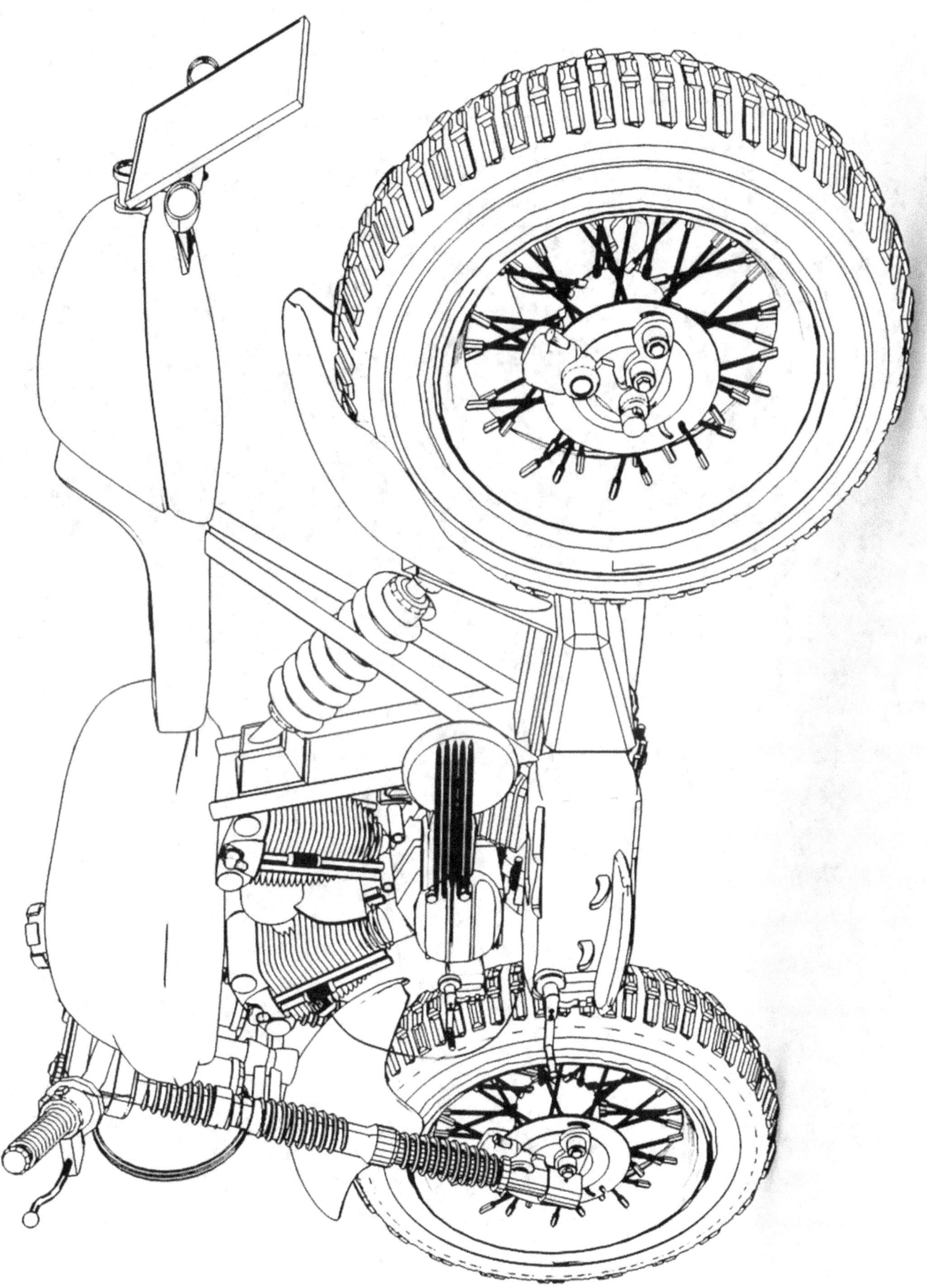

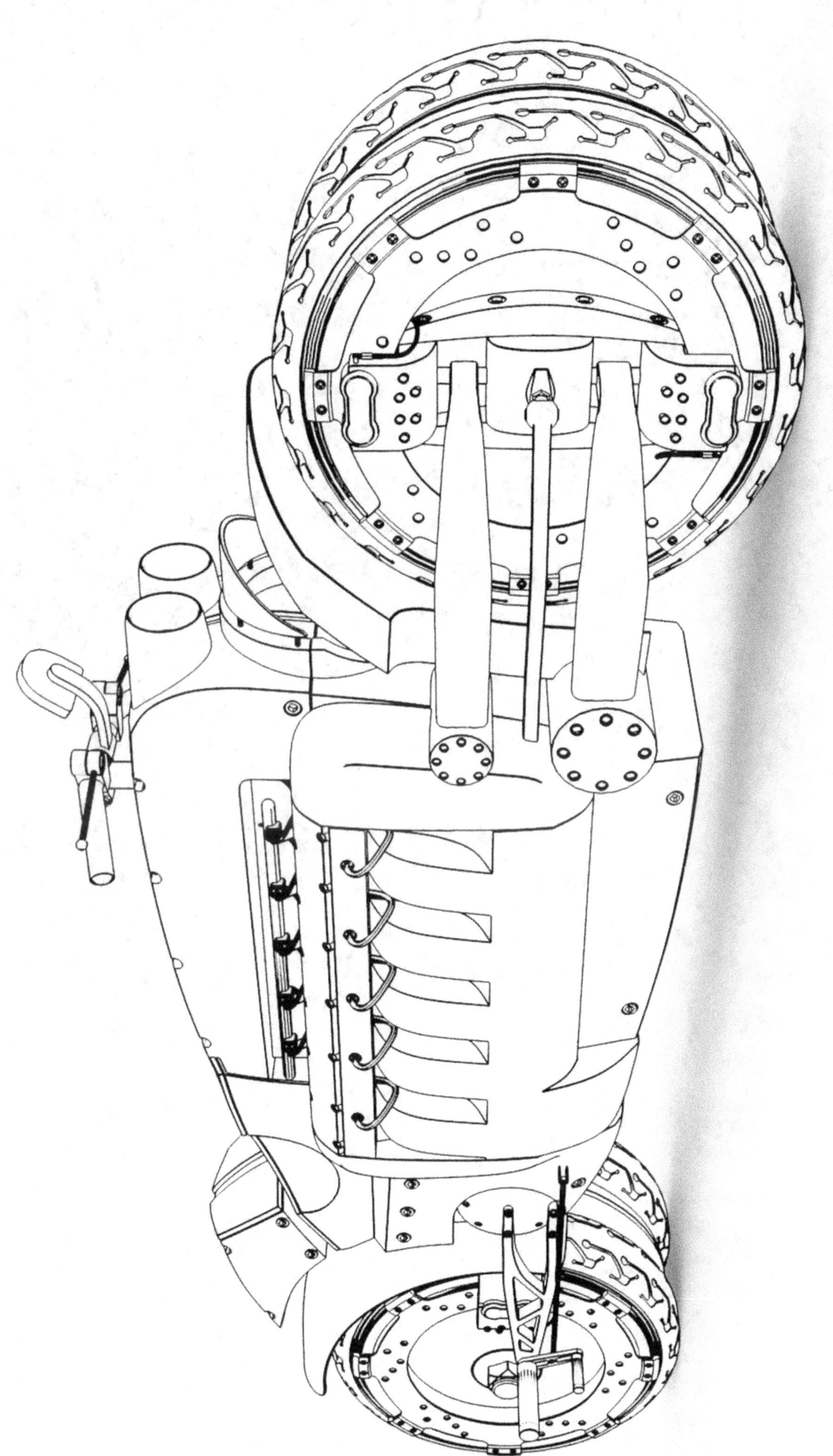

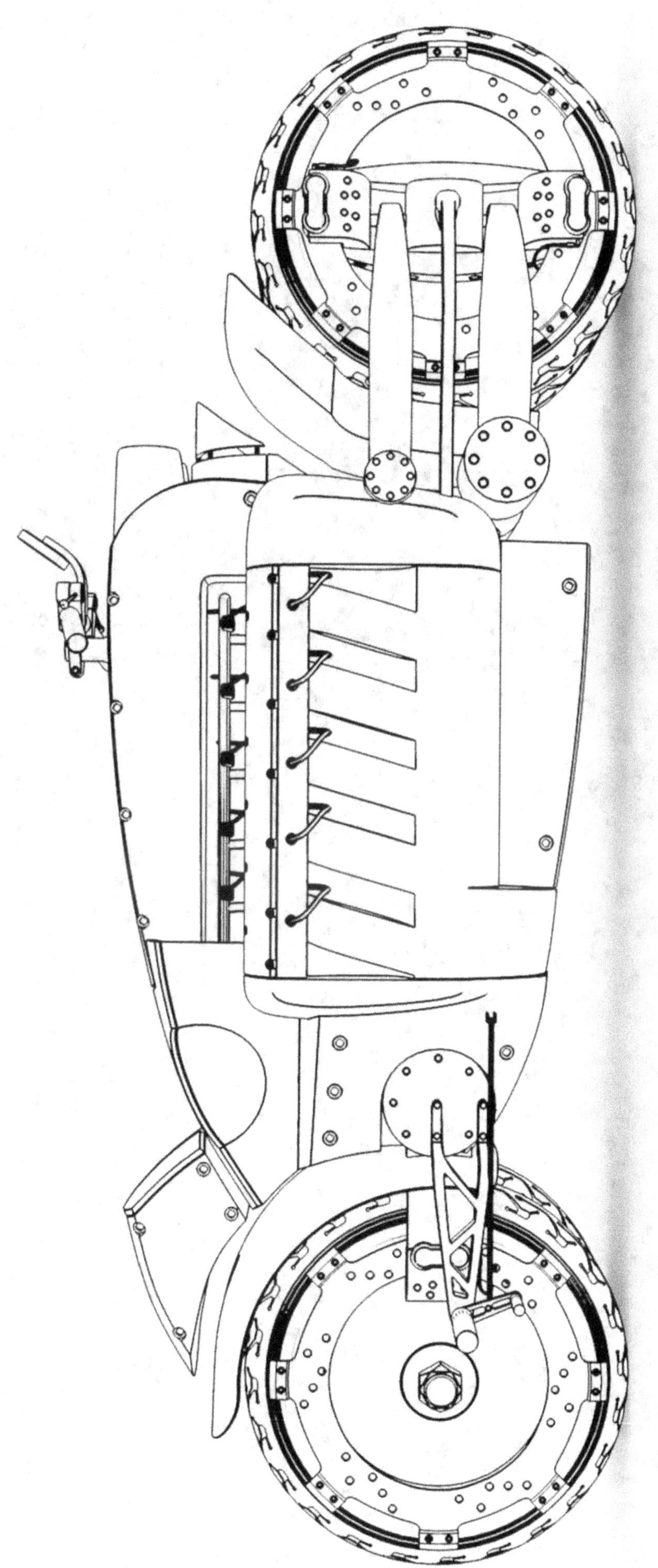

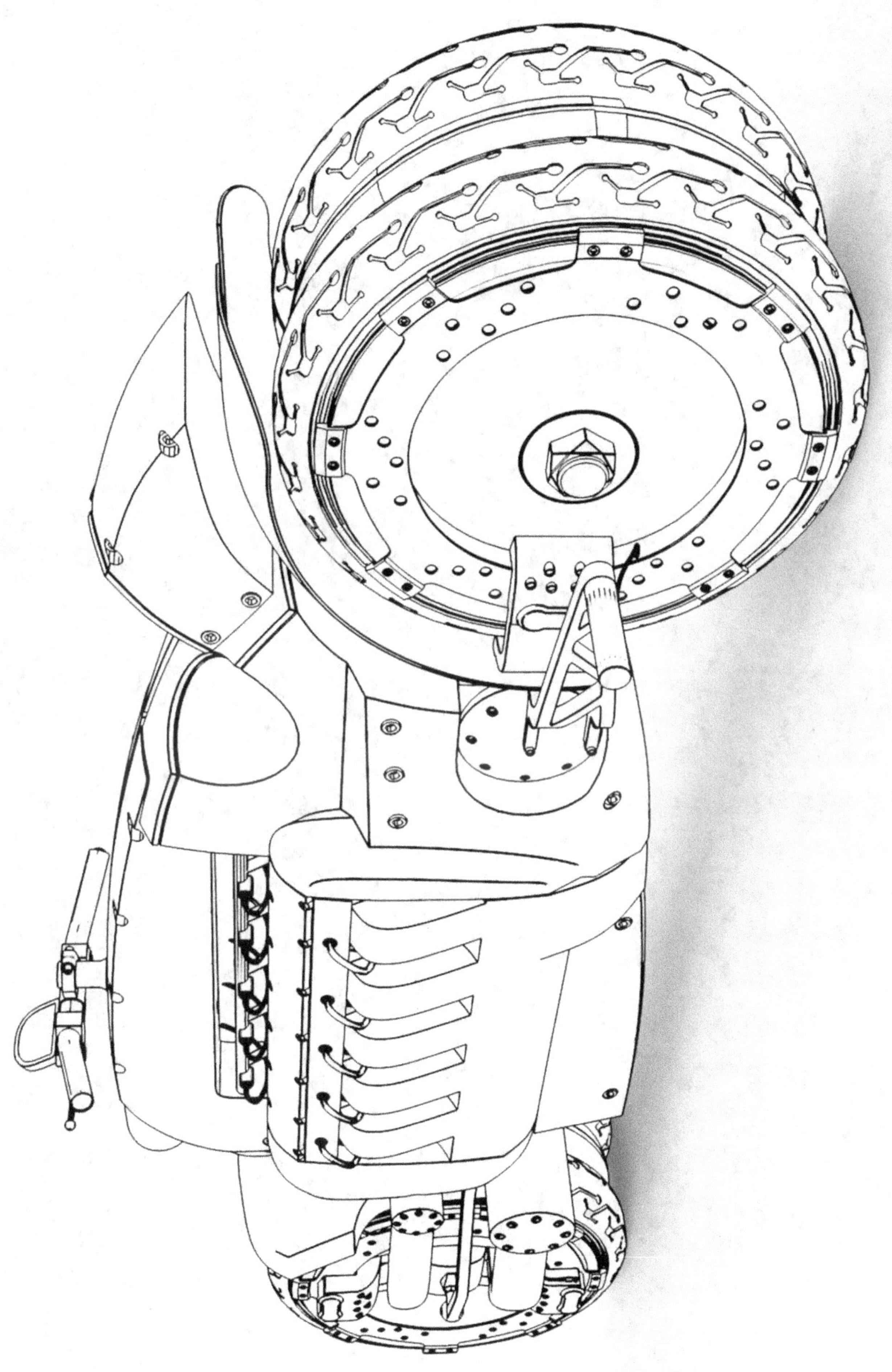

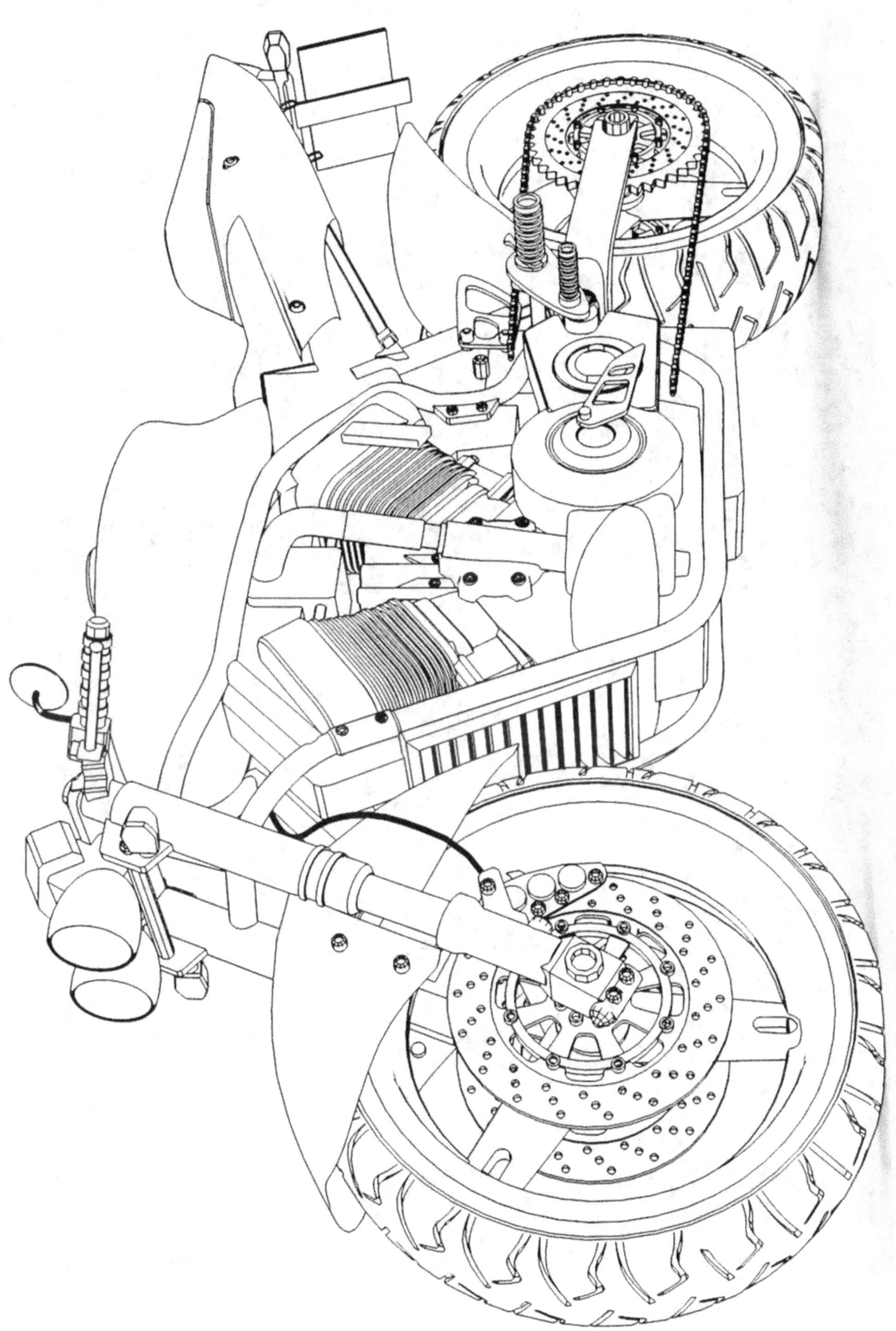

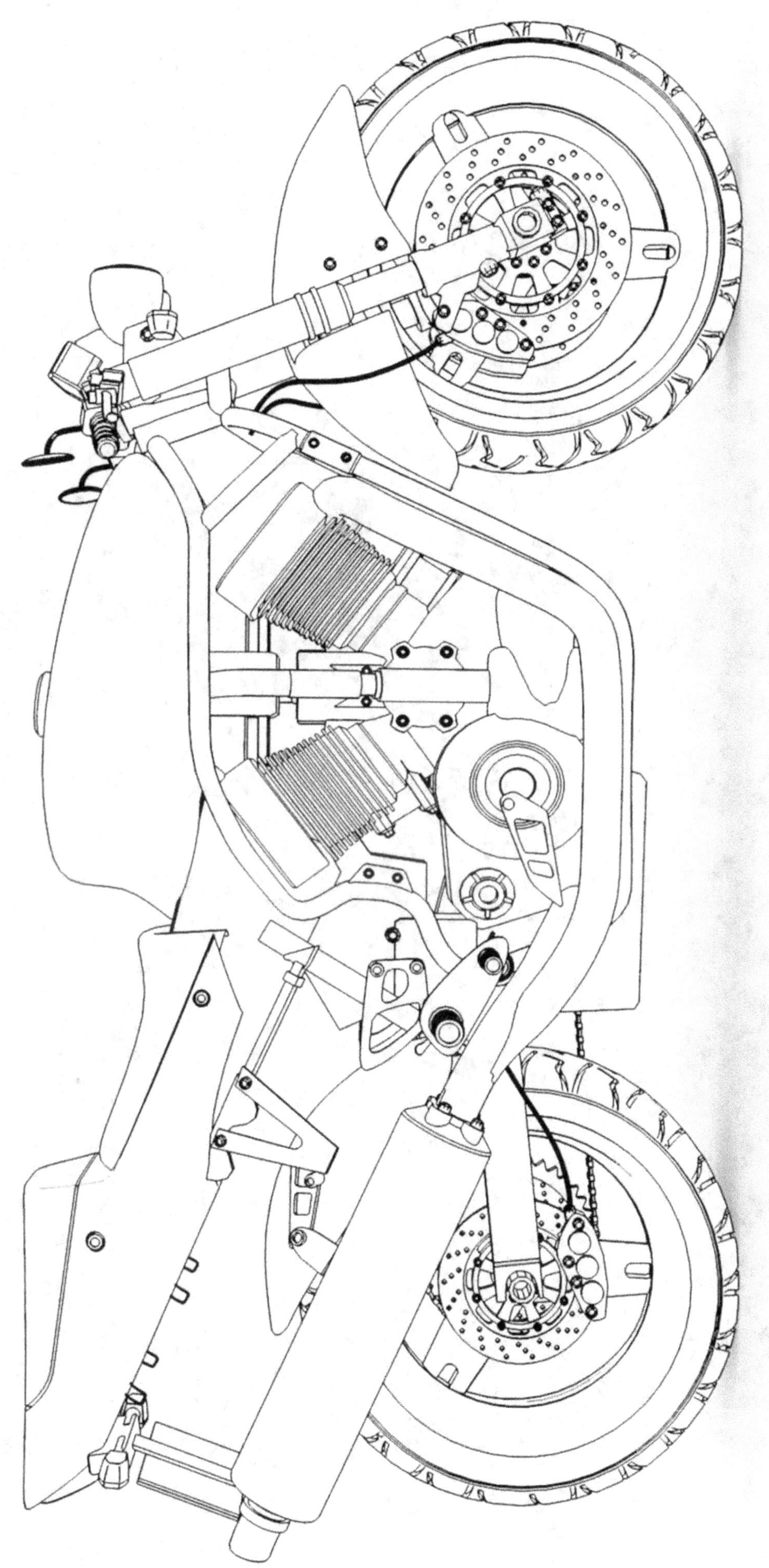

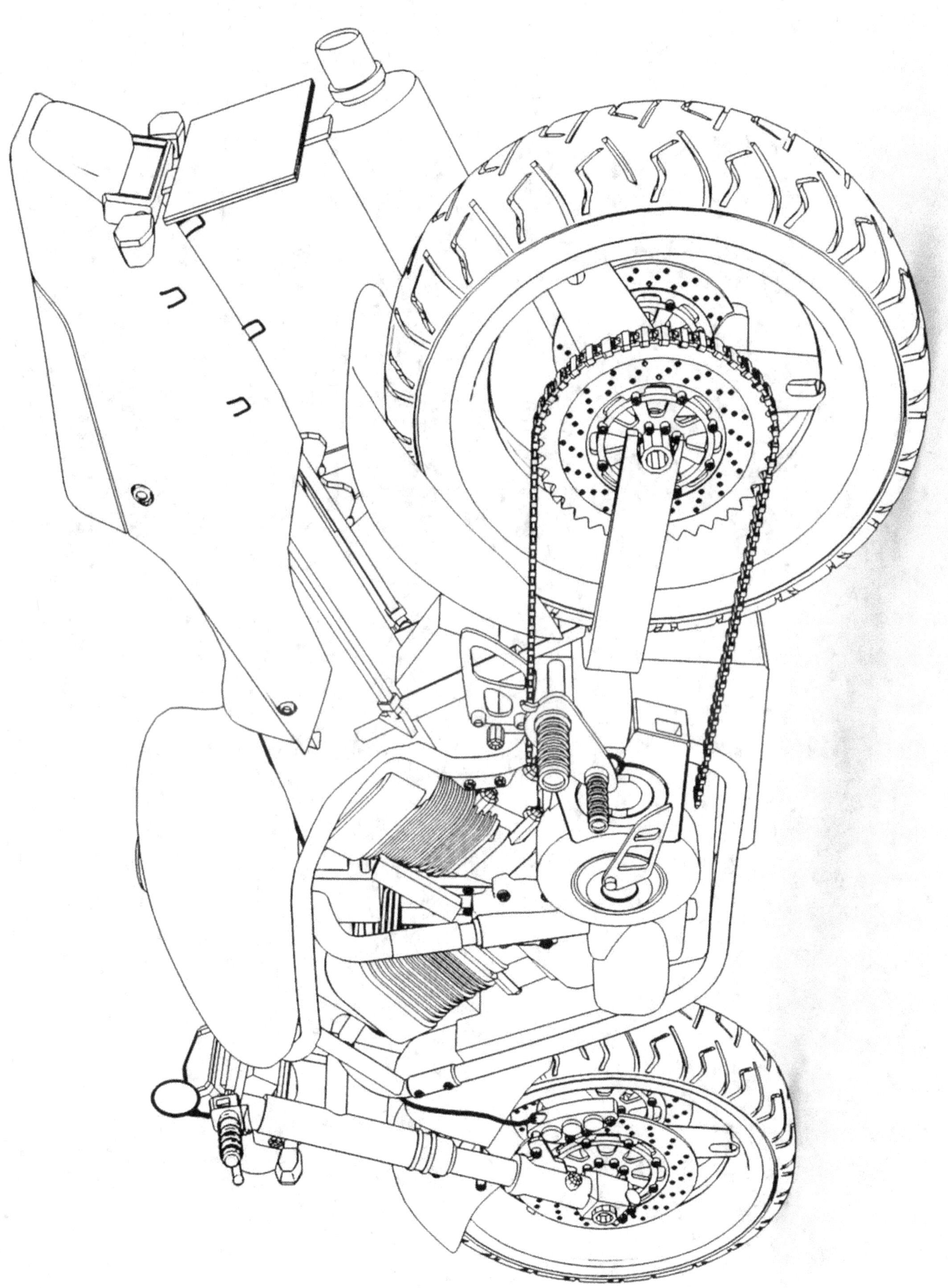

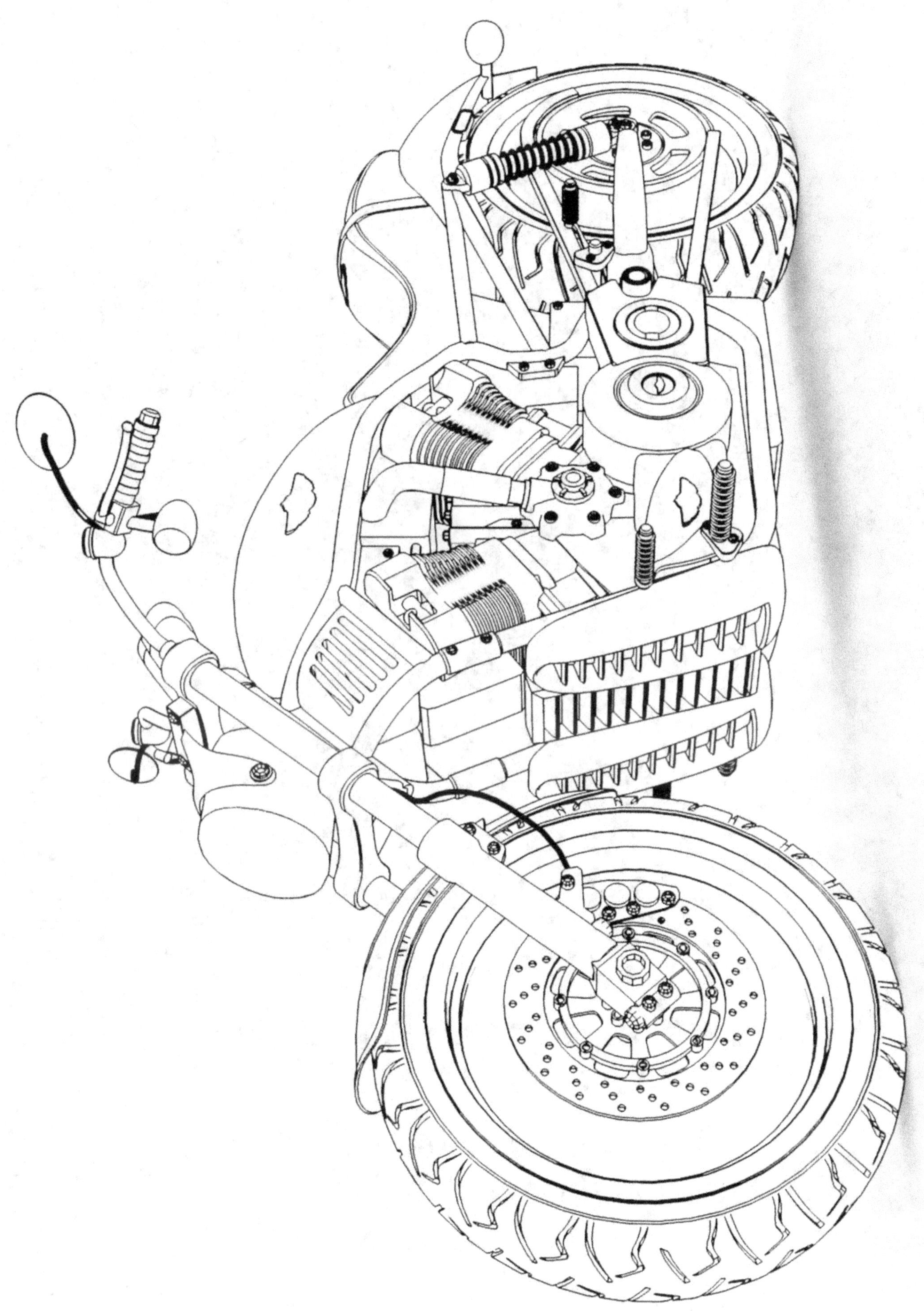

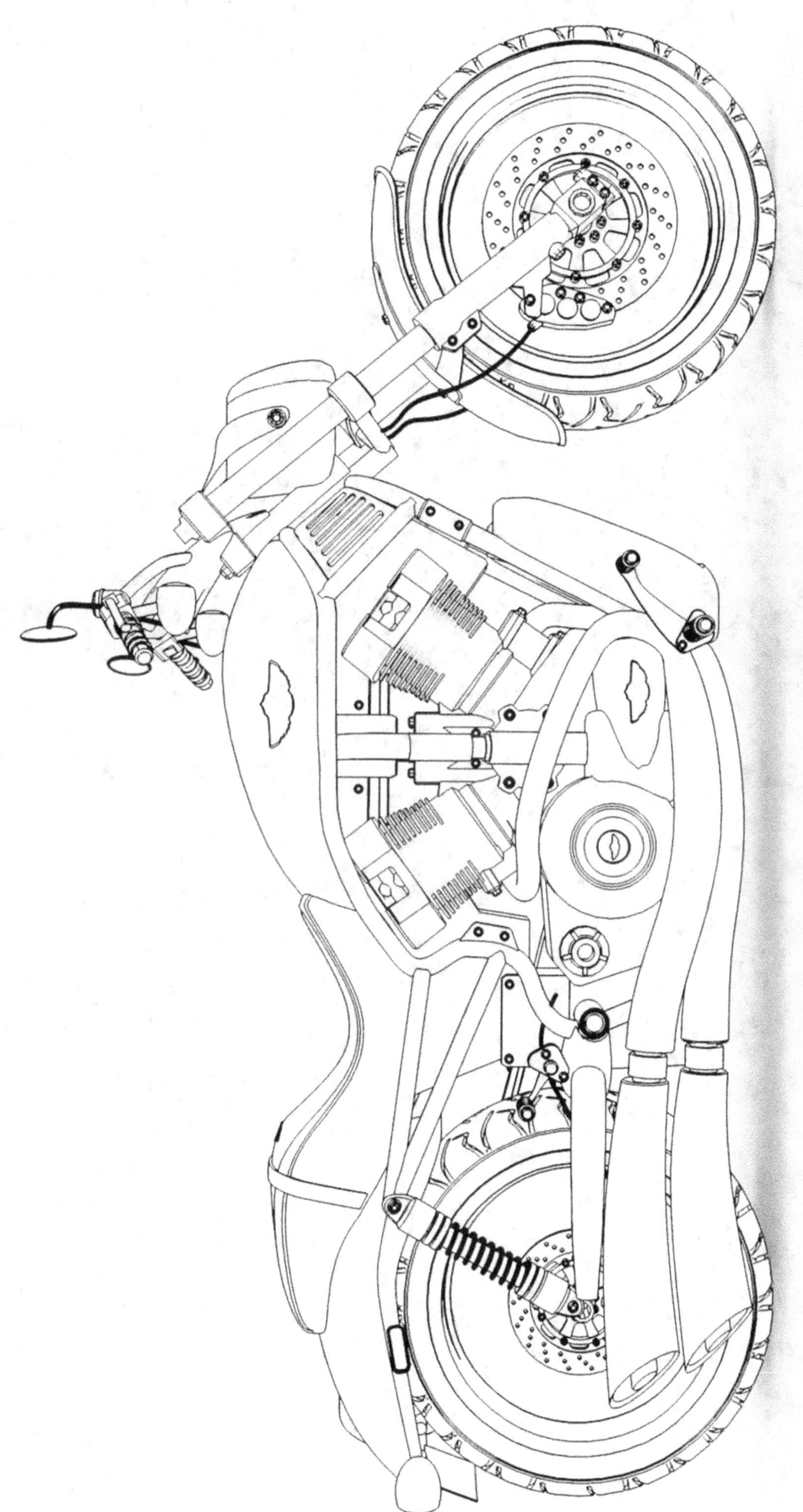

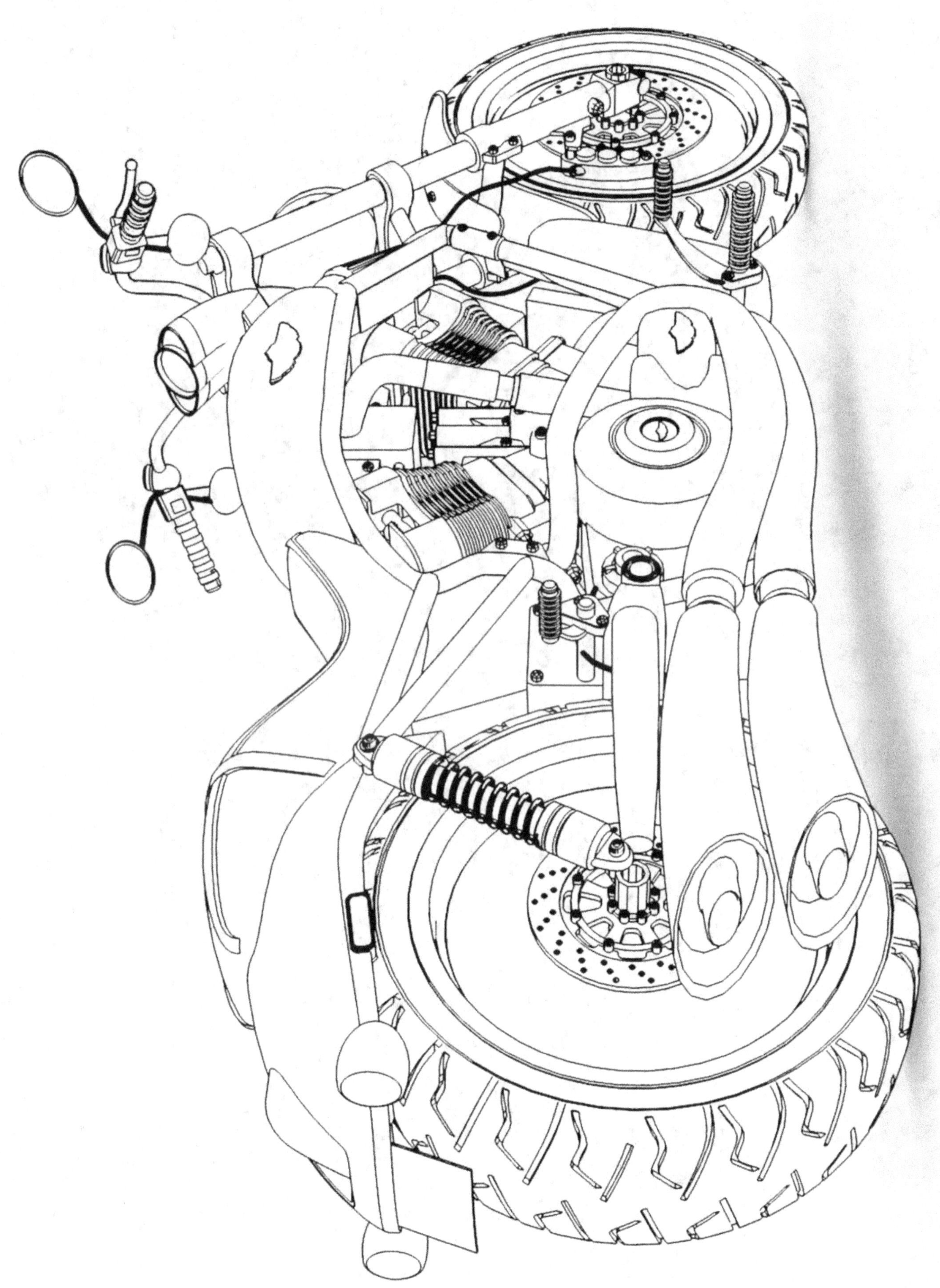

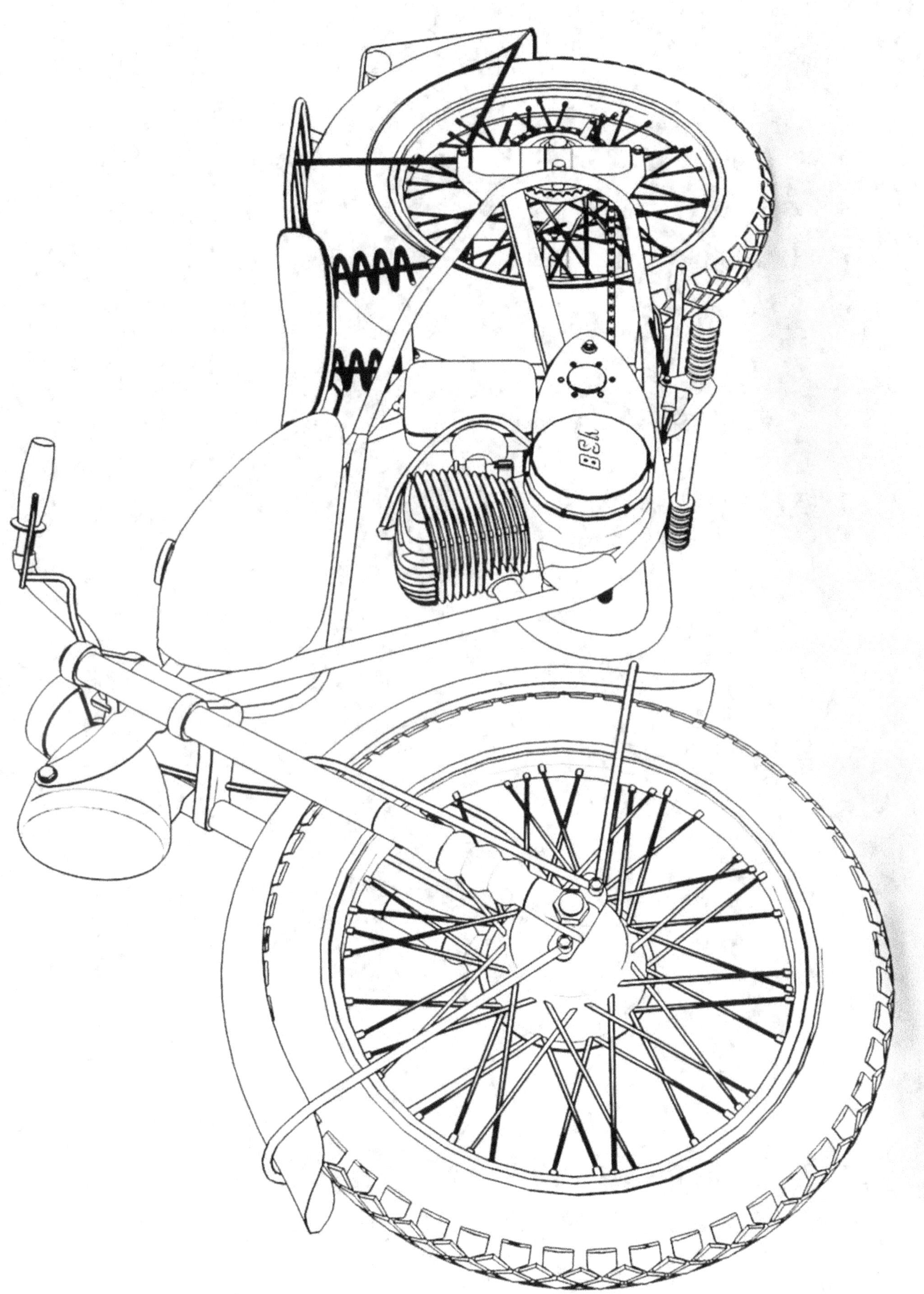

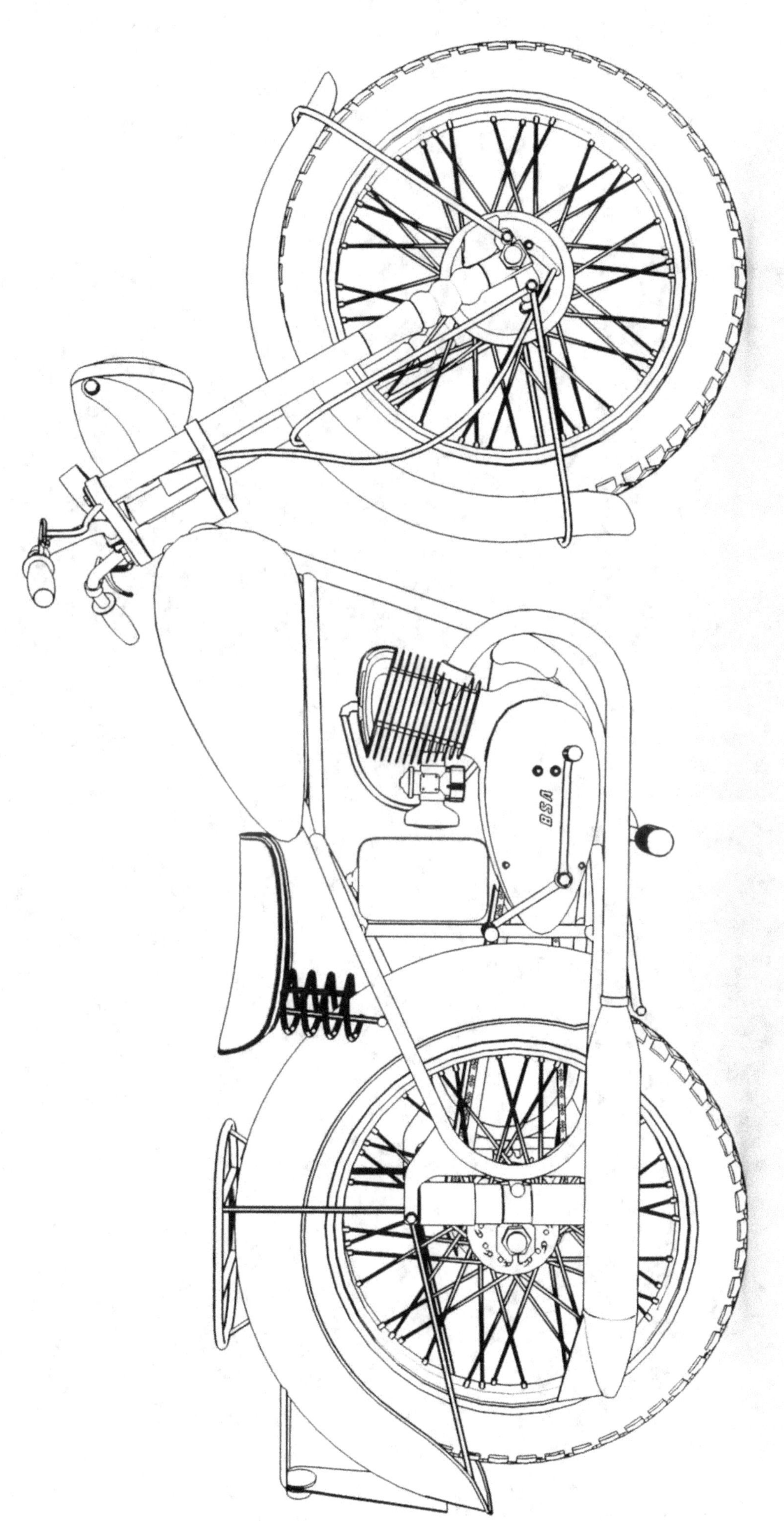

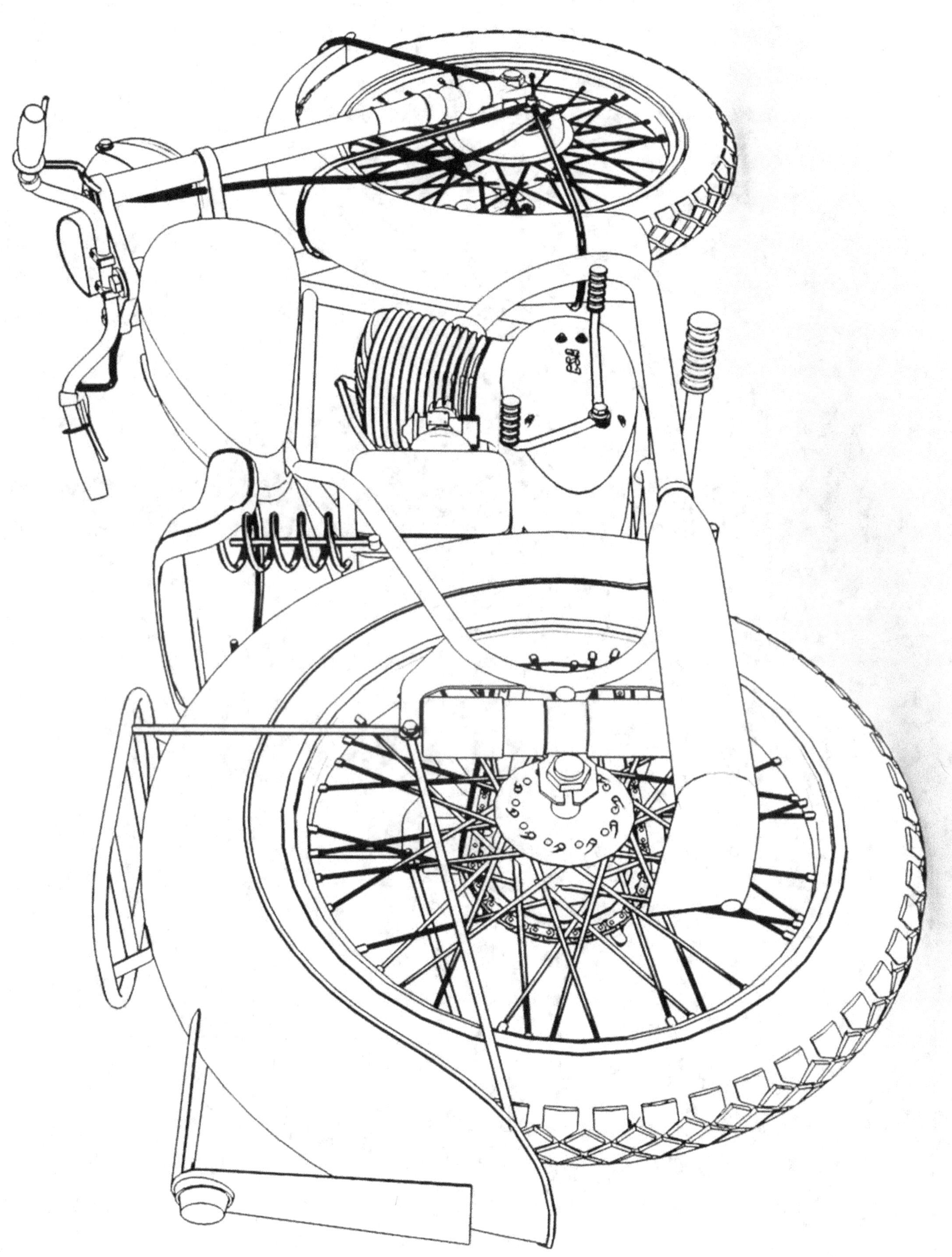

www.ingramcontent.com/pod-product-compliance
Lightning Source LLC
Chambersburg PA
CBHW081149160726
47997CB00021B/3152